INVENTAIRE
6318

AF249838

Rapports

Chimistes.

1826.

16518

DISCUSSION

DES RAPPORTS DES CHIMISTES

Sur la Condensation des Gaz dans les ateliers d'affinage d'or
et d'argent de la rue Chapon et à Ménilmontant,

PAR Mᵉ PARIS JEUNE, EX-AVOUÉ DE PREMIÈRE INSTANCE.

L'ACIDE sulfurique se compose d'eau et de soufre en vapeurs. Il
est porté à 66° par la concentration. Il produit deux gaz : l'un, sulfurique, qui est l'acide à l'état chaud, est soluble ; l'autre, sulfureux, qui est l'acide à l'état d'ébullition, est insoluble ; c'est le
soufre en nature.

La potasse se compose de chaux et de craie réduites en cristaux.

L'acide nitrique se compose de potasse et d'acide sulfurique ; il
est porté à 40°.

Le salpêtre se compose de potasse et d'acide nitrique réduits en
sel, d'où il prend le nom de salpêtre, sel nitrique, ou nitrate de
potasse indistinctement.

Deux opérations principales constituent l'affinage des métaux
précieux : la première est l'apurement des matières à ·bas titre
par le salpêtre. On place au milieu des charbons des creusets en
grès remplis de matières d'or et d'argent, sur lesquels on projette

du salpêtre; il se dissout, et oxide le cuivre, l'étain et autres métaux étrangers. On laisse refroidir le creuset, que l'on casse, et l'on
trouve le culot d'or et d'argent.

On le fait fondre et réduire en grenaille le plus possible, en
ayant soin que l'or y soit dans la proportion de $\frac{1}{4}$ et l'argent
de $\frac{3}{4}$; puis on passe à la seconde opération, celle du départ ou de
la séparation de l'or d'avec l'argent, par le moyen de l'acide sulfurique.

Cette opération s'exécute dans des pots de platine, où l'on met les
matières et l'acide, dans la proportion de trois fois autant qu'il y
a d'argent pesant.

La première opération s'exécute sur un fourneau donnant dans
une grande cheminée haute de quarante-cinq pieds, et toujours
tenue à une chaleur intense.

La seconde sur un fourneau percé d'abord de sept trous, et aujourd'hui de quatorze, ayant chacun leur foyer particulier. Une
hotte en maçonnerie est pratiquée à côté de ce fourneau pour y
recevoir les gaz ; au-dessous, est la bouche du condensateur, qui
règne extérieurement le long de l'atelier, et y rentre, pour se
rendre dans la grande cheminée, en traversant deux petites cuves
ou cylindres remplis à moitié d'eau, de chaux et de potasse en
dissolution.

La grande cheminée, disent les chimistes, par son tirage énorme,
attire les gaz dans le condensateur à moitié rempli d'eau, où celui
sulfurique se dissout, et d'où s'échappe le sulfureux, pour s'absorber sur la dissolution de chaux et de potasse.

Il est aisé de s'apercevoir qu'aussitôt que les gaz sont entrés dans
le condensateur, ils sont à l'instant enlevés dans l'atmosphère par
le tirage énorme de la grande cheminée, sans avoir le temps de s'y
fixer, ni de pouvoir s'y condenser ou absorber. Cet appareil n'a
d'autre but que d'en préserver les ouvriers, et assainir l'atelier,
en laissant les propriétés voisines exposées à toute leur intensité.

Aussi le conseil de salubrité, consulté en 1820 sur les deux établissemens d'affinage situés rue Chapon et Ménilmontant, annonce dans ses rapports à l'administration, à l'égard du premier, qu'il ne prévoit aucun moyen de pouvoir condenser les vapeurs sulfureuses, et ensuite qu'il n'y en a aucun : il conclut à ce que cet établissement soit éloigné des propriétés, comme nuisible à la salubrité publique.

Quant au second, il déclare que le sieur Lebel ne condense pas son gaz en totalité, mais que son établissement peut rester, étant d'une utilité généralement reconnue, et se trouvant sans doute assez éloigné pour ne pas nuire à la santé des habitans. (Il est à 15 toises.)

Le conseil de préfecture n'adopta pas cet avis ; l'établissement fut rangé dans la première classe, comme ne condensant pas ses gaz, par arrêté du 29 janvier 1821, qui fut confirmé par arrêt du Conseil-d'Etat du 24 mai suivant.

C'est alors que le conseil de salubrité, appelé à de nouvelles expériences chez Lebel, en présence successivement du magistrat de police et de deux membres du conseil de préfecture, les firent exécuter d'une manière telle qu'il était impossible de n'être pas convaincu que, si les gaz n'étaient pas condensés en totalité, au moins leur intensité était tellement absorbée qu'ils ne pouvaient nuire à la végétation.

Au lieu de se servir de sept pots de platine contenant chacun 15 kilos de matière, et de travailler sur 100 avec 225 d'acide sulfurique, on fit boucher d'avance trois des foyers du fourneau de départ, et on se servit de quatre pots ne contenant que 3 kilos, de manière que l'on opéra sur 12 kil. avec 27 d'acide sulfurique seulement ; et, sur l'observation des experts nommés par les propriétaires, qu'en débouchant les foyers, et se servant de pots d'une dimension plus forte, il y aurait lieu d'employer plus d'acide, et que les gaz seraient alors nuisibles, le conseil répondit dans son rapport que les

(4)

foyers étant hermétiquement fermés avec de la brique, on ne pouvait travailler sur les trous , et que le fabricant ne pouvait, à volonté, se procurer des pots d'une dimension plus forte, le platine étant fort cher (1).

Ces rapports se trouvant diamétralement opposés à ceux faits sur l'établissement de la rue Chapon , il en résulta deux arrêts du Conseil-d'Etat, se contredisant l'un avec l'autre. Par le premier, du 19 février 1823, l'établissement de Lebel est autorisé, comme condensant ses gaz ; par le second , du 19 mars suivant, celui de la rue Chapon doit être fermé, comme y ayant impossibilité de les condenser.

L'administration , fort embarrassée de l'exécution de ces deux arrêts, craignant de faire crier à l'injustice et à l'arbitraire, et reconnaissant l'utilité de ces établissemens, prit le parti de les laisser subsister tous les deux , en refusant de donner connaissance de ses véritables motifs, et surtout des rapports du conseil de salubrité.

Cependant Lebel , abusant de la victoire, fit doubler ses ateliers, et notamment son fourneau de départ, qui se trouve percé de 14 trous, au lieu de sept, et sur lequel il travaille sur 200 kil. de matière avec 450 d'acide sulfurique, au lieu de 100.

De nouvelles plaintes furent successivement adressées à l'administration contre lui , et, le 30 juin 1825, trois propriétaires voisins firent dresser par M. le suppléant du juge de paix du canton de Pantin, assisté de deux experts pépiniéristes, un procès-verbal où le tort matériel est estimé au huitième de leur récolte.

Dans le même moment, et le 21 juillet suivant, les habitans

---

(1) Chaque pot de platine exige un foyer particulier chauffé au charbon de terre. Si, lorsque l'affineur travaille sur 200 kil. de matière, il était obligé d'opérer avec des pots à 3 kil. au lieu de 15, il lui faudrait soixante-sept foyers au lieu de quatorze. Le combustible seul opérerait sa ruine.

adressaient de pareilles plaintes contre l'établissement de la rue
Chapon ; toutes furent publiques par la voie de l'impression. Les
plaignans respectifs se virent et se communiquèrent réciproque-
ment les renseignemens que leurs avocats avaient puisés dans les
pièces adressées au Conseil-d'Etat. Ils reconnureut tout à la fois
leur droit, et la manière dont on l'avait éludé.

Ceux de la rue Chapon réclamèrent l'exécution de l'arrêt du
Conseil du 19 mars 1823 ; ceux de Ménilmontant demandèrent
que l'établissement fût rangé dans la première classe , y ayant impossibilité de condenser les vapeurs sulfureuses.

L'administration alors temporisa ; elle eut l'air d'accueillir les
plaintes portées contre l'établissement de la rue Chapon ; elle or-
donna que les scellés seraient apposés sur ses fourneaux et appareils ;
puis bientôt après elle les fit lever, en ordonnant de nouvelles expériences sur un appareil au moyen duquel les frères Guichard,
propriétaires de l'établissement , prétendaient condenser leurs vapeurs sulfureuses, appareil que Lebel avait fait exécuter chez lui
dès 1823 , en doublant ses ateliers, reconnaissant que celui qui
existait était nul et insignifiant pour le voisinage. En voici la des-
cription :

Les gaz sortis des pots de platine sont reçus sous la hotte en maçonnerie, pour passer ensuite dans le condensateur qui se prolonge
à terre le long de l'atelier, et se rendre dans une étagère donnant
dans une grande cheminée qui, par son tirage énorme, les y
attire en passant sur l'eau du condensateur.

Cette étagère a la forme et la hauteur d'une grande fontaine
à filtrer. Dans son intérieur, se trouvent placées d'étage en étage
des grilles en fer, destinées à recevoir la craie concassée , avec
une porte sur son sommet pour l'humecter, et deux autres
sur le devant, pour son service intérieur. Les gaz attirés par le
tirage de la cheminée se condensent, disent les affineurs, sur
l'eau et la craie.

I..

Cet appareil demande beaucoup de soins et de dépenses, car il faut que l'ouvrier bouche avec de la terre les joints des tuyaux de conduite et portes de l'étagère, pour empêcher les gaz de se répandre dans l'atelier, et renouveler l'eau et la craie lorsqu'ils sont assez saturés.

Ce renouvellement ne peut s'opérer pendant le cours de l'opération chimique, car on ne peut l'arrêter. Cet appareil présente, au surplus, le même inconvénient que le premier : c'est que toute la partie des gaz enlevés dans l'atmosphère par le tirage énorme de la grande cheminée, se répand sur les propriétés voisines.

Le conseil de salubrité ne put donner un avis favorable, et l'administration prit alors, au mois d'octobre 1825, un arrêté portant que l'établissement serait tenu, dans les six mois, de choisir un autre local.

Quant à celui de Ménilmontant, elle répondit aux propriétaires que tout était jugé par l'arrêt du Conseil du 19 février 1823, et que, s'ils éprouvaient des dommages causés par les émanations, ils pouvaient se pourvoir devant les tribunaux qui seuls étaient compétens.

Les propriétaires répondirent à M. le préfet de police qu'en jugeant seul ce qui devait être jugé par le Conseil entier de préfecture, il commettait à leur égard un déni de justice, et qu'au surplus ils allaient se pourvoir devant les tribunaux.

L'administration, ne sachant plus comment concilier l'effet de ses mesures contre les deux établissemens, la justice ne pouvant avoir deux poids et deux mesures, finit aujourd'hui par laisser exister l'un et l'autre.

Cependant des condamnations de dommages pour des arbres brûlés avaient été prononcées contre Lebel, par jugement du 28 février 1823. Il s'était pourvu en cassation contre ce jugement, sous le prétexte que les tribunaux étoient incompétens, et que l'administration devait seule en connaître; mais, par arrêt du 19 juillet dernier, son pourvoi fut rejeté.

D'autres plus fortes eurent lieu par suite du procès-verbal du 3o juin 1825. Il interjeta appel du jugement qui les prononçait; et lorsque le tribunal était sur le point de statuer sur l'appel, l'administration, revenant alors sur sa propre décision, et au mépris de l'arrêt de cassation du 19 juillet, éleva, par son arrêté du 2 août, un conflit, en prétendant qu'à elle seule appartenait de connaître de la question de dommages. Les parties sont maintenant en instance devant le Conseil-d'Etat.

Dès le 25 mai précédent, une commission de cinq membres du conseil de salubrité se présenta chez MM. Paris et Graindorge, à Ménilmontant. Ils venaient, dirent-ils, par ordre de M. le préfet de police, pour visiter leurs propriétés, l'état de la végétation, et des arbres annoncés être morts ou mourans, par la plainte rendue le 25 août de l'année précédente.

M. Paris leur fit observer que leur visite cachait un but secret, car il n'était pas permis de croire qu'ils fussent envoyés dans un moment où la végétation était dans sa plus grande force, et neuf mois après une plainte rendue sur un délit qui devait être couvert par la taille des arbres ; mais que, par respect pour l'autorité, il consentait à ce qu'ils fissent leur visite et examen. Le but secret de cette visite était, ainsi qu'on va l'établir, d'élever autel contre autel, en faisant faire par le conseil de salubrité un rapport opposé aux procès-verbaux du 3o juin, pour en atténuer et détruire l'effet s'il était possible.

Bientôt on leur fit voir des arbres entièrement morts, et d'autres, en grand nombre, qui, frappés par les gaz, ne poussaient plus que des feuilles jaunes, avec peu de fruits, et encore très-mesquins.

M. Bérard, l'un des membres, prit une de ces feuilles, la mit dans sa bouche, déclara qu'elle ne sentait nullement l'acide, et que si les arbres étaient morts ou mourans, cela provenait d'une cause qu'il ne pouvait expliquer, mais nullement de celle des gaz. Ses collègues parurent être du même avis.

Je dis à M. Bérard : L'essai que vous venez de faire me prouve que vous ne connaissez rien en agriculture. Vous feignez de croire que les gaz, frappant les feuilles, les rendraient jaunes, et cependant vous savez bien qu'elles ne perdaient pas pour cela leur couleur ; que seulement leurs extrémités seraient brûlées, et qu'elles seraient recoquillées sur elles-mêmes. Je leur en fis voir beaucoup qui étaient dans cet état.

La branche à laquelle appartient une des feuilles que vous venez de goûter, a été frappée des gaz avant leur naissance ; la sève, au lieu de monter, s'est répercutée sur elle-même ; la végétation n'a plus eu assez de force pour se porter également partout : de là des fruits mesquins et des feuilles jaunes, faute de nourriture. C'est l'état d'un individu qui ne prend pas assez d'alimens : son estomac se rétrécit, son corps se dessèche, ses couleurs l'abandonnent, son teint devient pâle et livide, et il finit par périr de faim et de misère.

Le 6 septembre dernier, il fut dressé par M. le suppléant du juge de paix, assisté de deux experts cultivateurs, un nouveau procès-verbal pour les dommages matériels de cette année. Ils sont estimés pour Judith Graindorge à 1,035 fr., et pour moi à 1,267 fr. 50 c. Lebel y fit un dire par lequel, entre autres choses, il annonça que le conseil de salubrité, dans le rapport par lui fait par suite de la visite du 25 mai, avait constaté que chez nous la végétation était superbe, et que nos arbres ne souffraient nullement de la fabrique.

Je fis part à l'instant à M. le préfet de police de ce dire de Lebel, en lui signalant comme faux et archifaux le rapport du conseil, dans le cas où il contiendrait ce que Lebel avait avancé. S'il ne l'est pas, disais-je, ceux dressés par l'autorité judiciaire le sont. Il y a des coupables d'un côté ou de l'autre. Je finissais par demander l'expédition de ce procès-verbal ; je réitérai ma demande le 20 septembre, et le 18 octobre je reçus la réponse suivante :

Si le Conseil-d'Etat juge que ce rapport est nécessaire à la

décision qu'il doit rendre sur le conflit, je m'empresserai de satis-
faire à sa demande ; jusque-là je ne le communiquerai ni à vous
ni aux associés Lebel.

Qui donc a pu le donner à Lebel qui nous l'oppose, si ce n'est
l'administration ? Ainsi elle met dans ses mains une arme contre
laquelle nous ne pouvons nous défendre.

La lettre se termine en annonçant *que les vérifications ont été*
faites dans le seul but de s'assurer de l'accomplissement des con-
ditions imposées à cet entrepreneur.

Quelles sont ces conditions ? nous ne les connaissons pas, et
cependant nos propriétés sont brûlées. J'ai démontré que la condensation était impossible; les conditions ne peuvent être qu'illu-
soires. Une discussion sage et modérée de ces divers rapports éclai-
rerait la religion de l'administration ; impossible de s'y livrer, elle
l'interdit par son refus, et lorsque la défense est de droit public
en France, elle la proscrit. Dans cet état de choses, l'arbitraire le
plus absolu ne peut être que la base de ses décisions.

Tout a été employé, dans cette misérable affaire, pour fixer et
maintenir, contrairement aux lois sur la matière, cet établissement
près nos propriétés, et ensuite pour le rédimer des dommages matériels qu'il leur cause. Expériences frauduleuses, rapports menson-
gers, calomnies atroces contre nous, celle de brûler nous-mêmes nos
arbres pour en accuser la fabrique, insérés exprès dans ces rapports
pour faire croire à leur véracité ; refus de les communiquer, leur
discussion interdite, la défense proscrite, deni de justice, conflit
élevé par l'administration, en revenant sur sa propre décision, et
au mépris de la chose jugée entre les mêmes parties : il n'est pas
jusqu'au nouveau *Dictionnaire de chimie* dont les chimistes ne se
soient emparés pour faire croire à la prétendue condensation des
gaz.

M. Robiquet, auteur de l'article *Affinage*, indique un moyen
pour y parvenir : On luttera le couvercle de platine auquel on fera

un trou d'environ quatre lignes ; on y adaptera un tube en verre,
par où les gaz passeront pour se rendre sur une cuve remplie d'eau,
où le gaz sulfurique se condensera, et d'où s'échappera le gaz sulfureux, pour se rendre dans des tonneaux de craie concassée, lé-
gèrement humectée, sur laquelle il s'absorbera.

Ainsi, d'après ce procédé, les gaz pressés sous le couvercle et
chassés par la chaleur, sont forcés de se rendre dans l'appareil de
condensation. C'est le moyen qu'on emploie pour faire passer le
gaz hydrogène à travers l'eau où il s'épure, avant d'être recueilli
dans le gazomètre. C'est ce qu'on appelle en termes de chimie *travailler à vase fermé par la pression*.

Mais j'ouvre le rapport des professeurs Barruel et Laugier, experts nommés par Lebel ; j'y vois que l'ouvrier dirige le feu, sur-
veille le bain, dans la crainte qu'il ne déborde, car alors il y aurait perte de matière, et qu'au moment où il entre en efferves-
cence, c'est celui où il faut le retirer du feu, en verser la liqueur
dans des bassins de plomb, et la renouveler par un nouvel acide ;
que cette opération doit être faite une troisième fois, et que ce n'est
qu'à la fin de cette dernière que l'argent est entièrement dissous,
et que l'or reste pur au fond du vase de platine. Plus loin, je vois
l'appareil de Lebel tel que je l'ai décrit plus haut ; tout me prouve
que l'ouvrier est à tout moment obligé de lever le couvercle de
son pot de platine, l'affineur ne peut travailler qu'à vase ouvert
sans pression, et que le moyen indiqué par M. Robiquet n'est pas
praticable. Je découvre en même temps le motif pour lequel on ne
veut pas que ces rapports soient publics : leur discussion ferait
tomber l'arbitraire, et l'on veut le conserver.

Il n'est pas, au surplus, besoin de pousser plus loin cette discussion. J'ai dans les mains l'aveu même de Lebel, qu'il ne condense pas ses gaz, qu'il brûle et noircit nos propriétés : cela résulte de l'arrêt rendu le 6 mars dernier par la Cour royale d'as-
sises, jugeant en police correctionnelle.

Lebel ne cessait de répéter la calomnie insérée dans le rapport
du conseil de salubrité, celle que nous brûlions nos arbres pour en
accuser sa fabrique. Lors du procès-verbal du 30 juin 1825, à la
vue de nos arbres frappés par les gaz et noircis par ses fumées de
charbon de terre et de métaux, il ajouta devant le suppléant
du juge de paix et des experts, que nous les arrosions avec une eau
acidulée et noircie, pour ensuite en accuser sa fabrique.

Je rendis plainte en calomnie contre lui ; il se défendit alors, et
dit que c'était dans l'intérêt de sa défense qu'il avait avancé ce fait,
qui ne pouvait, au surplus, donner lieu à une plainte, puisque ce
propos aurait été tenu dans le jardin de Graindorge, qui ne pouvait être réputé lieu public. L'arrêt l'acquitte sur ce double motif.
Mais de l'arrêt et de la défense, il n'en résulte pas moins que nos
arbres sont noircis et frappés par le gaz de la fabrique, et non par
nous, car Lebel, en justice, n'a osé le soutenir, et s'il est renvoyé
de la plainte, c'est parce que la calomnie n'a pas été répandue
dans un lieu public ; mais elle n'en est pas moins une calomnie.
Que peuvent contre un arrêt de misérables rapports de chimistes,
auxquels on n'ose pas faire voir le jour, parce qu'ils ne pourraient
soutenir une discussion sérieuse ?

C'est donc par le fait de l'arbitraire seul que cet établissement
est placé au milieu de nous, et cet arbitraire se trouve dans l'arrêté
ministériel du 14 octobre 1820, et la nomenclature annexée à l'or-
donnance royale du 25 février 1825. Tous deux sont l'ouvrage des
chimistes : ils supposent possible une chose qui ne l'est pas, et qu'ils
cherchent depuis long-temps sans avoir pu la trouver, celle de condenser les vapeurs sulfureuses en travaillant à vase ouvert. S'ils
l'eussent trouvée, le monde savant en ferait retentir les journaux ;
l'appareil serait désigné, le fabricant serait forcé de s'en servir,
jusqu'à ce qu'un autre plus perfectionné et moins coûteux eût été
découvert. Si rien de tout cela n'existe, il faut en conclure que le
moyen de condenser ne subsiste pas, et que, par la faculté donnée

aux chimistes de déclarer que tel condense, et que tel autre ne condense pas, les propriétés voisines de pareils établissemens sont livrées à l'arbitraire des chimistes et de l'administration qui, ayant sous les yeux leurs rapports opposés et se contredisant, doit rester convaincue de l'impossibilité de pouvoir condenser les vapeurs sulfureuses. Nous combattons aujourd'hui pour la conservation de nos propriétés; et comme c'est ce que l'homme a de plus précieux, nous ne cesserons, malgré toutes les entraves que de toutes parts l'on nous élève, de réclamer la justice que nous avons le droit d'attendre.

L'établissement de Lebel est autorisé, à la charge de condenser les gaz; ne pouvant y parvenir, l'autorisation se trouve révoquée de plein droit, et l'arrêt du Conseil-d'État du 24 mai 1821 reste dans toute sa force; l'établissement ne subsiste plus que par la volonté administrative; c'est alors l'arbitraire substitué à la loi : dès-lors il est passif de tous les dommages qu'il cause, de quelque nature qu'ils soient.

PARIS *jeune*,

Ex-Avoué de première instance et ancien
Avocat à la Cour royale.

20 novembre 1826.

Imprimerie de C. J. TROUVÉ, rue Notre-Dame-des-Victoires, N. 16.

www.ingramcontent.com/pod-product-compliance
Lightning Source LLC
LaVergne TN
LVHW050430060726
842526LV00007B/2507